CATALOGUE

D'ESTAMPES

DE L'ÉCOLE FRANÇAISE DU XVIIIᵉ SIÈCLE

PORTRAITS DE LOUIS XVI & MARIE-ANTOINETTE
Gravures d'après PRUD'HON

DESSINS

Par BORNET, BOREL, QUEVERDO, LEBARBIER,
Pour illustration de romans du XVIIIᵉ siècle

TABLEAUX

LITHOGRAPHIES ET ESTAMPES EN LOTS

LIVRES

Provenant de l'Atelier d'un Artiste

DONT LA VENTE AUX ENCHÈRES PUBLIQUES AURA LIEU

HOTEL DROUOT, SALLE Nº 4

AU PREMIER ÉTAGE

Les Jeudi 11 Vendredi 12 et Samedi 13 Janvier 1877,

A UNE HEURE ET DEMIE PRÉCISE

Par le ministère de Mᵉ DELESTRE, Commissaire-Priseur,
Successeur de Mᵉ DELBERGUE-CORMONT
27, rue Drouot, 27.
Assisté de **M. CLEMENT**, Mᵈ d'Estampes de la Bibliothèque Nationale,
3, rue des Saints-Pères, 3.

PARIS — 1877

CONDITIONS DE LA VENTE.

La vente sera faite au comptant.

Les acquéreurs payeront cinq pour cent en sus des enchères.

L'Expert chargé de la vente se réserve la faculté de rassembler ou de diviser les lots.

Les attributions de l'amateur ont été conservées.

ORDRE DES VACATIONS

Le Jeudi 11 Janvier...............	Nᵒˢ	49 à 257
Le Vendredi 12....................		258 à 474
Le Samedi 13. — Lithographies.......		475 à 526
— Tableaux et Dessins...		1 à 48
— Estampes en lots......		527

Paris.—Typ. PILLET et DUMOULIN, 5, rue des Grands-Augustins.

DÉSIGNATION

TABLEAUX

DEBUCOURT (Philibert-Louis).

1. Esquisse de la composition des bouquets, ou la fête de la grand-maman. Diamètre, 86 cent.

ÉCOLE FRANÇAISE DE LA FIN DU XVIIIᵉ Siècle.

2. Tête de jeune bacchante. Haut., 16 cent.; larg., 12 cent

DESSINS

AKEN (J. Van).

3. Paysages. Trois dessins à la pierre noire.

ALLORI (A.).

4. Apôtres, sujet religieux. Trois dessins à la plume et au crayon noir.

BELLANGÉ (H.).

5. Scènes militaires. Deux jolis dessins au bistre.

BOISSIEU (J.-J de).

6. Études d'homme et de femme assis. Deux dessins à la plume et encre de Chine.

BOUCHER (F.).

7. Académie d'homme. Beau dessin aux trois crayons.

CAMBIASO (L.).

8. Le Repos en Egypte. Deux compositions différentes. A la plume et au bistre.

9. Sainte famille. Trois dessins à la plume et au bistre.

CHARLET

10. Étude de paysan. — Jeune garçon assis au pied d'un arbre. Deux dessins à la pierre noire, rehaussés de blanc.

DAVID (L.).

11. Croquis. Deux dessins au crayon noir.

DEBUCOURT (P.-L.)

12. Deux jeunes femmes représentées l'une assise, l'autre debout, dans le jardin du Palais-Royal. Joli dessin à l'aquarelle. Ce dessin est la première pensée de celui gravé, faisant partie des modes et des manières du jour et portant le n° 4 de la suite.

13. Jeune femme assise. Au crayon noir.

14. Le Pardon d'Arlequin. Joli dessin au crayon noir.

15. Paysage. — Etude d'homme. — Vieille femme assise. Trois dessins au crayon et au bistre.

DELASALLE et H. LECONTE.

16. Paysages et vues des environs de Genève. Sept dessins au bistre.

DIVERS.

17. Études diverses. Douze dessins par des artistes modernes.

18. Sept dessins, études et sujets divers, par Monnet, Nicole et autres.

DIVERS.

19. Études et croquis. Douze dessins à la mine de plomb.

20. Sujets mythologiques et autres pour illustration. Cinquante-six dessins au bistre à l'encre de Chine et mine de plomb.

ÉCOLE FRANÇAISE DU XVIII⁰ SIÈCLE.

21. Portraits de deux jeunes femmes et d'un jeune enfant. Beau dessin aux deux crayons sur papier bleu.

22. Portraits de deux jeunes femmes; dans le fond une figure d'homme. Beau dessin aux trois crayons, sur papier bleu.

23. Études de bustes de femmes et de mains. Deux dessins aux trois crayons.

24. Jeune femme assise, recevant des fruits de deux jeunes garçons, debout à son côté. Joli dessin aux deux crayons, sur papier bleu.

25. La Toilette d'une jeune femme. Très-beau dessin aux trois crayons et au bistre.

26. Jeune femme assise, tenant une vielle sur ses genoux. Beau dessin aux trois crayons, sur papier bleu.

27. Etude d'homme assis. — Etude d'homme à mi-corps. Deux dessins aux trois crayons, sur papier bleu.

28. Vingt et une feuilles pour les fables de La Fontaine, contenant trente-sept sujets. Dessins à la mine de plomb.

ÉCOLE MODERNE.

29. Études de paysages. Trente-cinq peintures à l'huile, sur toile et sur papier.

30. Paysages. Quarante-neuf dessins au crayon, aquarelle et bistre.

31. Paysages, portraits et études diverses. Soixante dessins aux divers crayons.

ÉCOLE MODERNE.

8   *Del*

32. Scènes militaires et autres. Huit dessins au crayon noir et au bistre.

1,50   *Del*

33. Paysage. Aquarelle.

DE FAVANNES.

20 +

34. Exercices militaires. Quinze dessins au crayon noir.

GUASPRE-POUSSIN.

35. Paysage antique. Beau dessin aux trois crayons.

LEPOITTEVIN et L. BOULANGER.

38   *y*

36. Pêcheur. — Concert champêtre. Deux dessins à la mine de plomb et aux trois crayons.

LEBARBIER.

12,9   *J*

37. Cinq très-jolis dessins à l'encre de Chine, pour les œuvres de Darnaud. Trois sont accompagnés des gravures.

3,9   *J.*

38. Un album contenant cent vingt-huit dessins et soixante gravures par Bornet, Borel, Chaillou, Queverdo, pour des romans de la fin du XVIIIe siècle et le commencement du XIXe siècle. Dessins intéressants pour les costumes et très-finement touchés, à l'encre de Chine.

LE ROY (S.).

52   *J.*

39. Sujets divers pour illustration. Vingt-neuf dessins au bistre.

MALLET.

50   *y*

40. Intérieur avec personnages parmi lesquels une jeune femme jouant avec un enfant. Charmant dessin à l'aquarelle.

MOUCHERON.

41. Paysage. A la plume et encre de Chine.

PRUD'HON (P.-P.).

42. Étude de femme. — Académie d'homme. Deux dessins aux deux crayons, sur papier bleu.

PUJOS. 1780.

43. Portraits d'enfants, Deux très-jolis dessins aux trois crayons. Signés.

VANDER-BURCH et autres.

44. Petits paysages. Trente et un dessins à la plume et au bistre.

VERNET (J.).

45. Groupe de pêcheurs. — Etude d'un navire. Deux dessins à la plume, un a été gravé.

VERNIQUET.

46. Vues intérieure et extérieure de l'église de Latrecey, exécuté sur les dessins et conduite de M. Verniquet. Deux dessins à l'encre de Chine et aquarelle.

WILLE (J.-G.).

47. Paysages. Trois dessins à la plume, au bistre et à la sanguine. Signés.

48. Paysages. Trois dessins à l'encre de Chine. Signés.

ESTAMPES

ADRESSES.

49. Adresses de différents marchands et *ex libris*. Sept pièces. Très-belles épreuves. Rares.

ANONYME.

50. Le Patriotisme des femmes de France. Pièce rare gravée en Angleterre.

51. Les Soldats de Cythère ou la puissance de l'amour. Pièce in-fol. en forme d'éventail. Belle épreuve.

52. Intérieur d'une Académie de peinture. In-fol. en largeur. Très-belle épreuve avant toutes lettres, avec marge.

53. A la bonne heure..... chacun son écot. Pièce sur les trois ordres, gravé en couleur. Très-belle épreuve. Rare.

AUBRY (D'après).

54. Les Adieux de la nourrice, gravé par N. de Launay. Belle épreuve avant la dédicace.

55. La même estampe. Très-belle épreuve avant la dédicace.

56. La même estampe. Belle épreuve.

AUBERT (D'après L.).

57. La Revendeuse à la toilette. — Le Billet doux. Deux pièces gravées par Cl. Duflos. Très-belles épreuves.

AUDRAN (B.).

58. Les Batailles d'Alexandre. Six pièces.

BALKO (D'après).

59. L'Agréable Lecture. Le Précepteur inutile. Deux pièces faisant pendant. Très-belles épreuves.

BAUDOIN (D'après P.-A.).

60. Le Confessionnal. — Le Catéchisme. Deux pièces faisant pendant, gravées par Moitte. Très-belles épreuves.

61. L'Épouse indiscrète. — La Sentinelle en défaut. Deux pièces faisant pendant, gravées par N. de Launay. Très-belles épreuves.

62. Marchez tout doux, parlez tout bas. Gravé par P.-P. Chof-fard. Belle épreuve.

63. Le Matin. — Le Midi. — Le Soir. — La Nuit. Suite de quatre estampes gravées par E. de Ghendt. Bonnes épreuves.

64. Le Matin, gravé par de Ghendt. Très-belle épreuve avant toutes lettres.

65. Les Soins tardifs, gravé par N. de Lannay. Belle épreuve.

66. J'y vais, gravé en couleur par L. Marin. Belle épreuve.

BEAUVARLET.

67. L'Évanouissement d'Esther. — L'Arrestation d'Aman. Deux pièces, d'après de Troy. Très-belles épreuves avant la lettre.

BELJAMBE (P.).

68. Vénus et Cupidon, d'après J.-B. Renaud de Rome. Belle épreuve avant la lettre.

BOILLY (D'après).

69. L'Amant poëte. — L'Amant musicien. — Deux pièces gra-vées par Levilly. Belles épreuves avec marge.

70. Le Cadeau. — Qu'elle est gentille ! Deux pièces gravées par Bonnefoy. Très-belles épreuves.

BOILLY (L.)

71. Les Déménagements. — Réjouissance publique. — Réu-nion de 35 têtes diverses. Trois pièces lithographiées.

BONNET.

72. Louis XV, roi de France. Portrait in-fol., gravé à la sanguine. Très-belle épreuve.

73. L'Amant écouté. — L'Éventail cassé. Deux pièces gravées
en couleur. Très-belles épreuves.

BOREL (D'après).

74. L'Innocence en danger, gravé par Huot. Très-belle
épreuve.

75. La Sentinelle endormie. Très-belle épreuve.

BOUCHER (D'après).

76. L'Enlèvement d'Europe, gravé par Duflos. Très-belle
épreuve avec marge.

77. La Mort d'Adonis, gravé par Le Vasseur. Superbe épreuve
avec marge.

78. L'Amour modeste, gravé par J.-B. Michel. Belle épreuve.

79. L'Amour enchaîné par les Grâces, gravé par Beauvarlet.
Très-belle épreuve.

80. Le Panier mystérieux. — Le Berger récompensé. Deux
pièces gravées par Gaillard. Belles épreuves.

81. La Vie champêtre, gravé par Elisabeth Lépicié. Très-belle
épreuve. Grande marge.

82. L'École de l'Amitié, gravé par Delastre. Très-belle
épreuve. Grande marge,

83. La Coquette. L'Oiseau chéri. Deux pièces faisant pendant,
gravées par J. Daullé. Superbes épreuves.

84. Étude dessinée par F. Boucher, gravée par J.-E. Nochez.
— Étude dessinée par F. Boucher et gravée par Étienne
Fessard. Deux pièces faisant pendant. Superbes épreuves.
Rares.

BOUCHER (D'après).

85. Le Calendrier des vieillards, gravé par de Larmessin. Superbe épreuve. Grande marge.

86. Les Amours pastorales. Deux pièces gravées par Cl. Duflos. Très-belles épreuves.

87. Les Plaisirs de l'été. — Les Charmes du printemps. — Les Délices de l'automne. Trois pièces gravées par Daullé.

88. Départ de Jacob, gravé par Élisabeth Cousinet, femme l'Empereur. — Jupiter et Calisto, gravé par R. Gaillard. Deux pièces. Très-belles épreuves.

89. Paysages. Deux pièces gravées par Ryland. Très-belles épreuves.

90. Le Berger. — La Petite Fermière. — Le Poëte. Trois pièces gravées par Cl. Duflos. Très-belles épreuves.

91. Buste de femme. — Jeune mère avec son enfant. — Buste d'un jeune guerrier. Trois pièces gravées aux trois crayons, par Bonnet et Legrand, imprimées sur papier bleu. Très-belles épreuves.

92. Neptune et Amymone, gravé par Danzel. — Érigone, d'après Monsiau, par Cathelin, plus une pièce d'après ~~Watteau~~. Trois pièces. Très-belles épreuves.

BOUCHER et PIERRE (D'après).

93. Les Serments du berger. — Les Présents du berger. Deux pièces faisant pendant, gravés par Lempereur. Très-belles épreuves.

CANOT (Ph.).

94. Le Maître de danse. — Le Gâteau des roys. Deux pièces gravées par Le Bas. Très-belles épreuves avec marge.

— 12 —

CARESME (D'après).

95. La Culbute imprévue, gravé en couleur par Morret. Très-belle épreuve.

96. Les Amants satisfaits. Gravé en couleur par Philipeau. Très-belle épreuve.

CARICATURES.

97. Sous ce numéro il sera vendu environ 250 pièces caricatures diverses, de 1789 à 1830.

98. Le Musée grotesque. Trente-trois pièces coloriées.

CARMONTELLE (D'après L.-C. DE).

99. Monsieur Dauberval et Mademoiselle Allard, dans l'opéra de Silvie. Gravé par J.-B. Tillard. Très-belle épreuve.

100. La même estampe. Très-belle épreuve.

CHAPONNIER.

101. Portrait de la comtesse d'Elbeuf, gravé en couleur. Belle épreuve.

CHARDIN (D'après).

102. Le Négligé ou toilette du matin. — La Gouvernante. — La Ménagère. — La Mère laborieuse. Quatre pièces gravées par Dupin, Lépicié, Le Bas. Belles épreuves.

103. L'Économe, gravé par J. Ph. Le Bas. Très-belle épreuve.

104. La Blanchisseuse, gravé par C.-N. Cochin. Très-belle épreuve. Grande marge.

CHEDEL, MARVYE et autres.

105. Différentes vues de la place Louis XV. Pièce sur les ballons. Quatre pièces. Très-belles épreuves.

CHEVILLET.

106. La Santé portée. — La Santé rendue. Deux pièces d'après Terburg. Très-belles épreuves.

107. La Dévideuse. Très-belle épreuve avant toutes lettres, avec marge.

CIVIL (A Paris, chez).

108. Vénus sortant du bain. Pièce de forme ovale, gravée en couleur. Très-belle épreuve.

CLAVAREAU (A.-F.).

109. La Leçon de musique. Pièce gravée en couleur. Très-belle épreuve.

CLERMONT (D'après).

110. Le Baiser pris de force, gravé par J. le Veau. Très-belle épreuve avec marge.

COCHIN (C.-N.).

111. Le Tailleur pour femme. Belle épreuve.

COCHIN (D'après C.-N.).

112. La Ravaudeuse. — Le Masson. Deux pièces gravées par Ravenet. Belles épreuves.

113. Solennité des mariages célébrés suivant l'intention du Roy, par la ville de Paris, à la naissance de Mgr le duc de Bourgogne, en 1751. Très-jolie pièce gravée par Tardieu. Très-belle épreuve.

114. La Soirée, gravé par Gallimard. Très-belle épreuve.

115. Inauguration de la statue de Louis XV. Très-rare épreuve avant la lettre, à l'état d'eau-forte. Toutes marges.

CREPY (Paris, chez).

116. Le Pressant Serment. Très-belle épreuve.

COURTIN (D'après J.).

117. *Par vos amusements discrets....,* — *Ne vous y trompez pas Lisette.....* Deux pièces gravées par J. Haussard. Très-belles épreuves avec marge.

COYPEL (D'après Ch.).

118. La Folie pare la Décrépitude des ajustements de la jeunesse, gravé par L. Surugue. Très-belle épreuve avec marge.

119. La même estampe. Très-belle épreuve.

120. Thalie chassée par la peinture, gravé par Lépicié. Très-belle épreuve.

GRAESBECK (D'après).

121. Le Roupilleur, gravé par F. Basan. Très-belle épreuve avec marge.

DARCIS et JULIEN.

122. M. Dosainville dans les Chasseurs et la Laitière. — Madame Angot. Deux pièces dont une d'après Vernet. Très-belles épreuves.

DEBARE (D'après).

123. Route du monde, gravé par Truchy. Très-belles épreuves.

DEBUCOURT (P.-L.).

124. L'Escalade ou les Adieux du matin. Superbe épreuve imprimée en couleur. Sans marge.

125. Le Menuet de la mariée. Très-belle épreuve imprimée en noir. Sans marge.

126. La Noce au château. Très-rare épreuve d'essai, imprimée en noir. Le haut du sujet a été coupé.

127. Les Bouquets ou la fête de la grand-maman. Superbe épreuve imprimée en couleur.

DEBUCOURT (P.-L.).

128. La Porte d'un riche. Pièce imprimée en noir. Superbe et rare épreuve avant la lettre.

129. Modes et manières du jour. (An VIII). Nos 1-2-4-13-14-16-17-18-23-24-25-26-27-28-29-30-31-32-33-34-35-37-38-49-50. Vingt-cinq pièces en noir. Excepté le nº 4 qui est colorié.

130. Oh! c'est bien ça. D'après Vernet. Très-belle épreuve, en couleur.

131. L'Heureuse Famille. Pièce imprimée en noir. Très-belle épreuve.

132. Un Gourmand. Très-belle épreuve imprimée en noir.

133. La Course. Nº 3, d'après Vernet. Belle épreuve.

134. Jouis tendre mère. Superbe épreuve avec marge.

135. L'Instruction villageoise. — Le Juge ou la cruche cassée. —Deux pièces in-fol. en largeur. Belles épreuves.

136. Les Amateurs de plafonds. D'après Vernet. Très-belle épreuve en couleur.

137. Route de poste, gravé d'après Vernet. Très-belle épreuve avec marge.

138. Passez-Payez, d'après Vernet. Très-belle épreuve.

139. La Marchande de poissons, d'après Vernet. Très-belle épreuve en couleur.

140. L'Hiver. Deux pièces gravées en couleur. Très-belles épreuves. Toutes marges.

141. Louis XVIII, roi de France, d'après Isabey. Très-belle épreuve.

142. Portrait de Mademoiselle Van Maelder, d'après Van Dick. Très-belle épreuve, imprimée en couleur.

DEMARTEAU.

143. La Peinture. — La Poésie. Deux pièces à la sanguine, d'après Boucher. (Nos 135 et 136.) Très-belles épreuves.

144. Jeune femme tenant des fleurs. — Jeune femme étudiant un cahier de musique. Deux pièces à la sanguine, d'après Boucher. (Nos 126 et 127.) Très-belles épreuves avec marge.

145. Jeune femme étudiant de la musique. — La Peinture. — Buste de femme. Trois pièces à la sanguine, d'après Boucher. (Nos 127 et 136.)

146. Autel de l'Amitié. — La Jardinière. — Deux pièces à la sanguine, d'après Boucher.

147. Deux Amours. — Groupe d'amours représentant la peinture. Deux pièces à la sanguine, d'après Boucher. (Nos 99 et 272).

148. Scènes champêtres. Quatre pièces à la sanguine, d'après Boucher. (Nos 80, 82, 112 et 168.)

149. Études de jeunes filles et jeunes garçons. — La Fidélité et l'Attente. Six pièces à la sanguine d'après Boucher. (Nos 77, 79, 96, 105, 162 et 163.)

150. Études diverses tirées du cabinet de Madame d'Azincourt. Sept pièces à la sanguine, d'après Boucher. (Nos 174, 175, 176, 181, 182, 183 et 186.)

151. Le Troupeau au repos. — Le Renard au poulailler. Deux pièces à la sanguine d'après Boucher et Dagommer. Très-belles épreuves.

152. Études diverses. Neuf pièces à la sanguine, d'après Boucher, Huet et De La Rue. (Nos 58, 121, 243, 258, 291, 292, 293, 296.)

153. Portrait de J.-B. Huet, dans un cartouche soutenu par des Amours, d'après lui-même. Très-belle épreuve, gravé à la sanguine.

DEMARTEAU.

154. Bustes de femmes. Trois pièces gravées à la sanguine et aux trois crayons, d'après Boucher (nᵒˢ 49, 152). Très-belles épreuves.

155. Étude pour une sainte famille. — Buste de femme. — La Faiseuse de baignets. Trois pièces à la sanguine, d'après Boucher et le Barbier (nᵒˢ 170, 279).

156. Études de têtes, de faunes et de satyres, cinq pièces à la sanguine d'après Boucher, Watteau et Pierre (nᵒˢ 92, 184, 115, etc.).

DEMARTEAU et BONNET.

157. The Balance, d'après Huet. — Sujet chinois, d'après Boucher. Deux pièces aux trois crayons.

DENY (A Paris, chez).

158. Le Verrou ou la sureté des amants, pièce de forme ovale. Très-belle épreuve.

159. L'Hommage accepté. — L'Occasion favorable. — L'Agréable Surprise, quatre pièces de forme ovale coloriées, une est double.

DESCAMPS (D'après J.-B.).

160. La Pupille, gravé par N. le Mire. Superbe épreuve, toutes marges.

DESPLACES (L.).

161. Diane et ses Nimphes, surprises par un Satyre, d'après Fouché. Très-belle épreuve avant la lettre.

DESRAIS (D'après C.-L.).

162. Le Bal masqué, gravé par Berthet. Très-belle épreuve.

DIVERS.

163. Vénus à sa toilette, par Aveline. — Vénus sur les eaux, d'après Bouchardon. — La Tricoteuse endormie, d'après Greuze, par Cl. Donat. Trois pièces.

DROUAIS (D'après F.).

164. Les Enfants de S. M. le Roy de Sardaigne, gravé par Melini. Très-belle épreuve.

DUFLOS (Paris chez).

165. Le Grand Vent. Pièce rare. Très-belle épreuve.

DUMENIL (D'après).

166. La Dame de charité, gravé par Élise-Claire Tournay. Très-belle épreuve, grandes marges.

167. Le Chantre à table. — Le Supot de Bachus. — La Bohémienne par J. Dumont. Trois pièces gravées par Dupuis et Daullé. Très-belles épreuves.

ÉCOLE FRANÇAISE.

168. Vue intérieure d'un bain de boue. Pièce très-curieuse comme mœurs et costumes, en couleur.

169. La Bergère couronnée. — Le Repos agréable. — L'Heureux Tête à tête. — L'Amant dangereux. — L'Amant fortuné, etc. Huit pièces par différents auteurs.

170. L'Étonnement de l'innocence. Pièce de forme ronde imprimée en couleur. Très-belle épreuve.

171. La Triple Ivresse. — Le Double Engagement. Deux pièces faisant pendant. Très-belles épreuves, toutes marges.

172. Différentes vues de la prise de la Bastille. Sept pièces dont deux imprimées en couleur.

ÉCOLE FRANÇAISE.

173. Compositions diverses d'après Baudoin Lavrince, Watteau et autres. Vingt-huit pièces dont quelques-unes en couleur.

174. Sujets d'amours, jeux d'enfants, etc. Trente-huit pièces.

175. Sujets galants, la plupart d'après Watteau. Trente-six pièces.

176. L'Heureuse Famille. — L'Esprit de l'enfant. — Amusement de l'enfant, etc. Quatre pièces dont une avant la lettre.

177. Le Modèle. — La Petite Pénitente. — Le Point d'honneur, costumes et dessus de tabatières. Quatorze pièces en couleur.

EISEN (F.) Le père.

178. Déguisements enfantins; gravé par N. Dupuis. Très-belle épreuve, toutes marges.

EISEN (CHARLES).

179. Projet pour une fontaine. Pièce gravée à l'eau-forte. Très-belle épreuve. Rare.

EISEN (D'après CH.).

180. Concert méchanique inventé par R. Richard, exposé à la bibliothèque du Roy. 1769. Très-belle épreuve du premier état, avec le lustre sous le baldaquin, éclairant le sujet.

181. La même estampe. Très-belle épreuve avec le lustre effacé.

182. La Comète, gravé par J.-P. le Bas. Superbe épreuve, toutes marges.

FILLŒUL (P.).

183. Le Milieu du jour. Pièce in-fol. en largeur. Très-belle épreuve.

FORTIER.

184. Le Café politique. Pièce curieuse. Très-belle épreuve.

F FRAGONARD (D'après H.).

185. La Déclaration. — Le Serment. Deux pièces faisant pendant gravées par Bérvic. Belles épreuves.

186. Le Contrat, gravé par Blot. Très-belle épreuve avant la dédicace.

187. Le Verrou. — Le Contrat. Deux pièces faisant pendant, gravées par M. Blot. Très-belles épreuves.

188. Les Baignets, gravé par N. de Launay. Belle épreuve.

189. Dites donc s'il vous plaît, gravé par N. de Launay. Belle épreuve avant la dédicace.

190. Paysage, gravé par Saint-Non. Belle épreuve.

FRAGONARD et CARÊME.

191. Annette à l'âge de quinze ans, gravé par Godefroy. Deux épreuves. Le Baiser rendu, etc. Quatre pièces.

FREUDEBERG (D'après).

192. L'Occupation, gravé par Lingée. Très-belle épreuve.

193. La Complaisance maternelle, gravé par N. de Launay. Belle épreuve avec marges.

FLINCK (D'apèrs G.).

194. Alexandre vainqueur de soi-même, gravé par J.-G. Muller. Très-belle épreuve avant toutes lettres.

195. La même estampe. Belle épreuve.

GERARD (D'après Mlle).

196. Le Petit Espagnol, gravé par Miger. Très-belle épreuve.

GIBELIN (A.-E.).

197. L'Accouchement. Très-belle épreuve avant la lettre.

GILLOT.

198. Scènes de théâtre. Quatre pièces.

DE GOUY.

199. Les Jumeaux. — Le Triomphe de l'enfance. Deux pièces
faisant pendant. Très-belles épreuves.

GREUZE (D'après J.-B.).

200. Le Donneur de sérénade. — La Paresseuse. Deux pièces
gravées par P.-E. Moitte, Superbes épreuves, toutes marges.

201. La Petite Fille au chien, gravé par Porporati. Très-belle
épreuve.

202. Les Premières Leçons de l'amour, gravé par Voyez l'aîné.
Très-belle épreuve avec marges.

203. Le Ramoneur, gravé par Voyez. Très-belle épreuve.

204. Le Malheur imprévu, gravé par de Launay. Très-belle
épreuve avec marges.

205. La Bonne Mère, gravé par L. Cars et Cl. Domat. Belle
épreuve.

206. L'Écureuse, gravé par Beauvarlet. — La Fille confuse,
gravé par Ingouf. Deux pièces. Belles épreuves.

207. La Dame bienfaisante, gravé par Massard. Superbe
et rare épreuve avant toutes lettres, sur chine.

208. LA'mour, gravé par Henriquez. Belle épreuve.

209. L'Aveugle trompé. — Le Divertissement gracieux d'une
famille villageoise. Deux pièces dont une gravée par L. Cars.
Belles épreuves.

GREUZE (D'après J.-B.).

210. Le Ménage ambulant, gravé par Binet. — La Reconnais-
sance du berger, gravé par Danzel. Belles épreuves.

211. Divers habillements suivant le costume d'Italie, gravés
par P.-E. Moitte. Dix pièces.

GUYOT.

212. A la mémoire de Joseph Chrétien qui a remporté le prix
de vertu à l'Académie française en 1786, pièce imprimée en
couleur. Très-belle épreuve.

213. Les Soins maternels. — La Lecture interrompue. Deux
pièces de forme ronde, imprimées sur une même feuille, en
couleur. Très-belle épreuve avec marges.

GWIN.

214 Les Grâces dans l'atelier d'un peintre. Pièce in-fol. en largeur. Très-belle épreuve avant la lettre.

HELLMAN.

215. Un Concert chez Henri IV. Rare épreuve à l'état d'eau-
forte.

HUET (D'après J.-B.).

216. Offrande à l'amitié. — Offrande au dieu Pan. Deux très-
jolies pièces gravées en couleur par Jubier. Très-belles
épreuves.

217. Le Départ du marché. — Le Retour du marché. Deux
pièces faisant pendant, gravées en couleur par Légrand.
Très-belles épreuves.

218. La Laitière, gravé aux trois crayons, par Demarteau.
Très-belle épreuve.

219. La Jeune Bergère. — Le Jeune Berger. Deux pièces gravées aux trois crayons par Demarteau. Très-belles épreuves,

HUET (D'après J.-B.).

220. Jupiter et Danaé. — Vénus et l'Amour. Deux pièces gravées en couleur par Bonnet. Très-belles épreuves; une est avant la lettre.

221 Le Berger amoureux goûtant les délices de l'amour avant le mariage. — La Bergère amie des fruits d'amour après le mariage. Deux pièces à la sanguine gravées par Degmayr. Très-belles épreuves.

HOUEL (D'après J.-B.).

222. Cahier de six vues des environs de Rome, gravées par Mlle Destours. Très-belles épreuves.

INCROYABLES.

223. Les Marionnettes. — Ah! qu'il est donc drôle. Hai! dis-donc, ma lorgnette te fait peur? Deux pièces. Très-belles épreuves.

224. Hélas! de vous à moi, telle est la différence!!! C'est incroyable. L'impayable rentier de l'État. Deux pièces. Très-belles épreuves.

225. La Folie du jour, gravée par Tresca. Très-belle épreuve.

ISABEY (D'après).

226. Portrait de madame Dugazon, gravé en couleur par Monsaldy. Très-belle épreuve.

JANINET (F.).

227. La Noce du village. — Repas des moissonneurs. Deux pièces gravées en couleur d'après P.-A. Wille. Très-belles épreuves.

228. Vénus en réflexion. — Vénus désarmant l'amour. Deux pièces gravées en couleur d'après Charlier. Très-belles épreuves avant la lettre, manquent de conservation.

JANINET (F.).

229. L'Agréable Négligé, gravé en couleur d'après Baudoin. Très-belle épreuve.

230. Vue du Champ de Mars à l'instant où le roi, les députés, à l'Assemblée nationale et les fédérés réunis y prononcent le serment civique le 14 janvier 1790. Pièce imprimée en couleur. Très-belle épreuve.

JANINET et CAMPION.

231. Petites vues de Paris. 54 pièces gravées en couleur et publiées chez Esnault et Rapilly et les Campions.

JAZET.

232. Course de traineaux à Krasnoikabak, gravée en couleur en 1814. Superbe et rare épreuve avant toutes lettres, avec grandes marges.

JEAURAT (D'après Ét.).

233. Le Goûté. — La Servante congédiée. Deux pièces faisant pendant, gravées par Balechou. Superbes épreuves.

234. Enlèvement de police. — La Place Maubert. Deux pièces gravées par Duclos et Aliamet. Belles épreuves.

235. L'Accouchée, gravé par Lepicié. Très-belle épreuve.

236. L'Amour petit maître, gravé par Jeaurat. Très-belle épreuve.

237. L'Économe. — La Coquette. Deux pièces gravées par Michel Aubert. — La Petite Fermière, d'après Boucher, par Cl. Duflos. Trois pièces. Très-belles épreuves.

238. Le Transport des filles de Joye à l'hôpital. — Le Carnaval des rues de Paris. Deux pièces gravées par Le Vasseur. Très-belles épreuves, toutes marges.

LAGRENÉE (D'après L.).

239. La Peinture chérie des grâces, gravé par A.-F. Dennel. Très-belle épreuve avant la lettre.

240. L'Insomnie amoureuse. — Mars et Vénus. Deux pièces gravées à la sanguine. Belles épreuves avec marges.

LANCRET (D'après N.).

241. La Belle Grecque. — Le Turc amoureux. Deux pièces faisant pendant, gravées par G.-F. Schmidt. Très-belles épreuves.

242. Conversation galante, gravé par Le Bas. Superbe épreuve. Toute marge.

243. *Trop indolent Tircis, laisse la symphonie, etc.*, par S. Sylvestre. Superbe et rare épreuve avant toutes lettres.

244. Mademoiselle Sallé, gravé par N. de Larmessin. Belle épreuve.

245. Le Glorieux, gravé par N. Dupuis. Très-belle épreuve.

246. Le Jeu du pied de bœuf, gravé par de Larmessin. Très-belle épreuve.

247. Le Matin, gravé par N. de Larmessin. Très-belle épreuve.

248. La Servante justifiée, gravé par de Larmessin. Superbe épreuve avec marges.

249. Les Oyes de frère Philippe, par De Larmessin. Très-belle épreuve.

LAVREINCE (D'après N.).

250. L'Automne. Pièce en couleur. Belle épreuve.

251. La Balançoire mystérieuse, gravé par Vidal. Très-belle épreuve sans marge.

LAVREINCE (D'après N.).

29 L

252. Le Billet doux, gravé par N. de Launay. Très-belle épreuve, avec le privilège.

20

253. L'Heureux Moment, gravé par N. de Launay. Belle épreuve.

19

254. L'Heureux Moment, gravé par N. de Launay. Belle épreuve, sans marges.

29 L

255. La Sentinelle en défaut. L'Accident imprévu. Deux pièces faisant pendant, gravées en couleur par Darcis. Très-belles épreuves.

14 L

256. L'Accident imprévu, gravé par Darcis. Très-belle épreuve avant la lettre.

50 L

257. The Green Plot. — The Grove. Deux pièces faisant pendant. Belles épreuves.

LE BAS.

4,50

258. Le Retour à la ferme. — Prise du Héron. — Départ de chasse. Trois pièces d'après Berghem et van Falens. Très-belles épreuves.

259. Le Chasseur fortuné. — Rendez-vous de chasse. Deux pièces d'après van Falens. Très-belles épreuves.

LE BEL (D'après E.).

1 0

260. Le Coup de vent. — La voilà prise. Deux pièces gravées par Niquet et Girardet. Très-belles et anciennes épreuves.

LEBRUN (D'après Mme Vigée-).

261. La Paix ramène l'abondance, gravé par P. Viel en 1787. Très-belle épreuve avant la lettre.

8,50

262. Vénus liant les ailes de l'Amour, gravé par Schultz. Très-rare épreuve à l'état d'eau-forte avant toutes lettres.

LE CLERC (S.).

263. Vue d'une partie de l'hostel royal des Gobelins, où sont établis les manufactures des meubles de la couronne. Très-belle épreuve.

LE CLERC (D'après F.).

264. L'Abbé en conqueste. — L'Hermite en queste. Deux pièces faisant pendant, publiées chez Bonnart. Très-belles épreuves.

LEGRAND (Aug.).

265. Les Petits Savoyards. Pièce in-fol. en couleur.

LEMPEREUR.

266. L'Attente du plaisir, d'après A. Carrache. Très-belle épreuve avant la dédicace.

LE MOYNE (D'après Fr.).

267. Vénus au bain. — Hercule et Omphale. — Andromède attachée à un rocher. Trois pièces gravées par L. Cars. Superbes épreuves.

LE NAIN (D'après).

268. L'École champêtre. — Le Concert ridicule, d'après Subleyras, etc. Trois pièces gravées par Daullé, Guelard et Saint-Maurice. Très-belles épreuves.

LEPICIÉ.

269. Portrait de Molière, d'après Coypel. Superbe et rare épreuve avant toutes lettres.

LE PRINCE (D'après J.-B.).

270. La Crainte, gravé par N. Le Mire. Belle épreuve.

LESPINASSE (D'après).

271. Vues intérieures de Paris. Deux pièces gravées par Ber-
thault. Très-belles épreuves avec marges.

272. Vue du Palais-Royal, des galeries et du jardin, gravé par
Varin. Belle épreuve.

LIOTARD.

273. Études diverses, dessinées d'après nature, à Constanti-
nople. Quatre pièces.

LOUIS XVI ET MARIE-ANTOINÈTTE

PORTRAITS PAR DIVERS GRAVEURS

ANONYME.

274. Marie-Antoinette représentée en buste avec une plume
sur sa coiffure. Portrait gravé au pointillé. Rare.

275. Les adieux de Louis XVI à sa famille. Petite pièce in-8°,
imprimée en bistre. Belle épreuve.

276. Marie-Thérèse-Charlotte, fille de Louis XVI. Portrait
in-4°, dessiné au télescope en 1793. Très-belle épreuve.

D'ARGENT.

277. L'Entrée du roi et de la famille royale à Paris le 6 octobre 1789. Pièce in-fol. en largeur. Très-belle épreuve.
Rare.

BASSET (Chez).

278. Louis XVI et Marie-Antoinette. Deux portraits in-8°
faisant pendant, gravés en couleur. Belles épreuves.

BLAISOT (Chez).

279. Marie-Antoinette. Petit portrait in-8°. Belle épreuve avec
marges.

BOIZOT (M.-L.-A.).

280. Louis XVI, roi de France, d'après L.-S. Boizot. Très-belle épreuve.

BROCKSHOW (R.).

281. Louis XVI, roi de France. Petit portrait in-12, gravé en manière noire. Très-belle épreuve. Rare.

CATHELIN (L.-J.).

282. Marie-Antoinette, reine de France, d'après F. Drouais. In-fol. Très-belle épreuve.

CLAESSENS (L.-A.).

283. Portrait de madame Élisabeth, d'après Sicardi. In-8°. Très-belle épreuve.

COUTELLIER.

284. Louis XVI, roi de France. Portrait in-fol. gravé en 1789. Belle épreuve.

DUCLOS (J.).

285. La Reine annonçant à madame de Bellegarde, des juges et la liberté de son mari, d'après Desfossés. Très-belle épreuve avant la lettre.

FATOU (J.).

286. Louis XVI. Portrait in-4° présenté aux députés de l'Assemblée nationale, imprimé en couleur. Belle épreuve.

GABRIELLI (A.).

287. Petit portrait du roi Louis XVII, la couronne royale sur la tête. Belle épreuve.

JANINET et VOSSINIK.

288. Portrait de Louis XVI, sur une colonne où sont les portraits de Louis XIV et Louis XV, d'après Brion de la
Tour. Belle épreuve.

DE LARMESSIN (N.).

289. Marie-Antoinette-Josèphe-Jeanne d'Autriche, reine de
France et de Navarre, d'après Vanloo. In-fol.

LE BEAU.

290. Marie-Antoinette. In-8°. Très-belle épreuve.

291. Louis XVI, roi de France et de Navarre, in-4. Superbe
épreuve avant le numéro, dans le haut de la droite.

292. Marie-Antoinette, faisant pendant au numéro précédent.
Très-belle épreuve avec le numéro.

LE BEAU (Genre de).

293. Marie-Antoinette. Portrait in-4, publié chez Esnault et
Rapilly. Très-belle épreuve.

LE MIRE (N.).

294. Louis XVI. Portrait in-8, d'après Duplessis. Belle
épreuve avec marges.

LEVASSEUR (J.-C.).

295. Bienfaisance du roi, gravé d'après le Barbier le jeune.
Très-belle épreuve.

DE LONGUEIL.

296. Le Roi Louis XVI et la reine Marie-Antoinette, représentés au milieu de figures allégoriques. Deux pièces publiées à l'occasion de leur mariage. Très-belles épreuves du
premier état, gravées d'après Cochin.

MARILLIER (D'après).

297. Pièce allégorique sur le serment de Louis XVI, gravé par Gaucher. Belle épreuve.

MASSARD.

298. Louis XVI, en buste, d'après Godefroy, in-8. Belle épreuve.

MIGER (S.-C.).

299. Marie-Antoinette, archiduchesse d'Autriche, reine de France, in-fol., d'après J. Boze. Très-belle épreuve.

MONET (D'après).

300. Français, votre Roi jure de vous rendre heureux ; il tiendra son serment ; gravé par Née et Masquelier. Très-belle épreuve.

MONSIAU (D'après).

301. Les Adieux de Louis XVI à sa famille, gravé par A. Tardieu. Très-belle épreuve.

MOREAU (D'après J.-M.).

302. Buste de Marie-Antoinette dans un cartouche, soutenu par des amours, gravé par le Mire. Très-belle épreuve. Rare.

303. Louis XVI et Marie-Antoinette. Petits bustes au milieu de figures allégoriques, gravées par N. le Mire. Très-belles épreuves. Rares.

304. Exemple d'humanité donné par Madame la Dauphine, le 16 octobre 1793, gravé par Godefroy. Très-belle épreuve.

305. Le même sujet, gravure in-fol., en contre-partie, sans noms d'auteurs. Très-belle épreuve.

306. Petites vignettes ayant rapport à la bienfaisance du roi et de la reine. Trois pièces gravées par Le Mire, Perret, etc. Belles épreuves.

MOREAU (Attribué à J-M.).

307. Buste de Louis XVI dans un cartouche, soutenu par des amours. Pièce sans noms d'auteurs. Très-belle épreuve.

PAUQUET et JOURDAN.

308. Journée mémorable du 20 juin 1792. Belle épreuve.

PIERRON (J.-A.).

309. Marie-Antoinette. Buste dans un cartouche entouré de draperies. Très-belle épreuve.

SAINT AUBIN (A. DE).

310. Bustes de Louis XVI, de Marie-Antoinette et du Dauphin, dans un médaillon in-4, d'après Sauvage. Très-belle épreuve.

311. Le même sujet, gravé également par Saint-Aubin, de format in-8. Très-belle épreuve. Rare.

312. Le même sujet, gravé par Ruotte. Très-belle épreuve.

SCHIAVONETTI.

313. Marie-Antoinette, reine de France et de Navarre, d'après Strochling, in-8. Très-belle épreuve.

VIDAL.

314. Buste de Marie-Antoinette. Petit portrait pour un Almanach. Rare.

VÉRITÉ (Chez).

315. Buste du Dauphin et de Madame Royale, représentés en regard l'un de l'autre, sur une même feuille. Très-belle épreuve. Rare.

WARTELL.

316. Marie-Antoinette, reine de France. Belle épreuve coupée dans la gravure.

MALLET (D'après).

317. La Nouvelle intéressante, gravé en couleur, par Mixelle. Très-belle épreuve.

MARTINET.

318. Bacchanale. Belle épreuve.

MASSARD (J.-B.).

319. Agar présentée à Abraham, d'après Ph. Van-Dyck. Superbe épreuve avant la lettre.

MONET (D'après).

320. Vénus et Adonis, gravé par Vidal.

MOREAU (J.-M. Le Jeune).

321. La Toilette, d'après Rembrandt. Très-belle épreuve avant la lettre.

MOREAU (D'après J.-M.).

322. N'ayez pas peur, ma bonne Amie, gravé par Helman. Très-belle épreuve avant la lettre.

323. La même estampe. Très-belle épreuve avec privilége du roi.

324. J'en accepte l'heureux présage, par Triere. Belle épreuve.

325. Les Petits Parrains. Très-belle épreuve.

326. Le Rendez-vous pour Marly, gravé par Guttemberg. Très-belle épreuve avant la lettre, sans marge.

327. La même estampe. Très-belle épreuve,

328. La Rencontre au bois de Boulogne. Belle épreuve sans marges.

329. Le Pari gagné, gravé par Camligue. Très-belle épreuve.

MOREAU (D'après J.-M.).

330. Le Seigneur chez son fermier, par Delignon. Belle
épreuve.

331. Henri IV chez le Meunier, gravé par Simonet. Superbe.
épreuve avant la lettre.

NATOIRE (D'après).

332. Vénus et Énée, gravé par Flipart. Très-belle épreuve,
toutes marges.

NÉE et MASQUELIER

333. Les Garants de la félicité publique. Pièce allégorique sur
la reine Marie-Antoinette, d'après Saint-Quentin. Belle
épreuve, grandes marges.

OUDRY (J.-B.).

334. Sujets pour illustration du Roman comique de Scarron.
Huit pièces. Très-belles épreuves.

PATER (D'après).

335. Le Bain, gravé par Cl. Duflos. Superbe épreuve avec
marges.

336. Les Amants heureux, gravé par Filleul. Très-belle
épreuve avec marges.

337. Les Amants heureux. — L'Amour et le Badinage. Deux
pièces gravées par Filleul. Très-belles épreuves avec marges.

338. L'Agréable société, gravé par Filleul. Très-belle épreuve
avec marges.

339. Le Désir de plaire. — Le Plaisir de l'été. Deux pièces
gravées par L. Surugue. Superbes épreuves avec marges.

340. Les Plaisirs de la jeunesse. — Le Concert amoureux.
Deux pièces gravées par Filleul. Superbes épreuves.

PATER (D'après).

341. Sujets tirés du Roman comique de Scarron. Deux pièces gravées par Jeaurat et L. Surugue. Belles épreuves.

PORPORATI.

342. Le Devoir naturel. — Intérieur avec six personnages, d'après Mallet, par un graveur du xviiiᵉ siècle. Deux pièces.

343. Le Bain de Léda, d'après le Corrége. Très-belle épreuve avant la lettre.

PRUD'HON (P.-P.).

344. Une Famille malheureuse. Très-belle épreuve du premier état.

PRUD'HON (D'après).

345. Phrosine et Melidor. — Choisir l'objet. — L'enflammer. Trois pièces gravées par Prud'hon et Beisson. Belles épreuves.

346. En jouir, gravé par Copia. Très-belle épreuve avant la lettre.

347. L'Égalité et la Loi. Deux pièces en forme de frises, gravées par Copia. Très-belles épreuves. Rares.

348. Aminta. — Abrocome et Anzia. Deux pièces gravées par Roger. Belles épreuves avec marges.

349. Je ne me bats point avec un insensé. — Il appliqua sur sa main malade des baisers de feu. — L'héroïsme et la valeur. — Ma fille, respecte les cheveux blancs de ton malheureux père. Quatre pièces gravées par Copia. Très-belles épreuves.

350. La Grotte, gravé par Roger. Épreuve avant la lettre, sur chine.

351. L'Amour dansant sur les eaux. — Vignettes avec deux personnages. Deux pièces avant la lettre.

PRUD'HON (P.-P.).

352. La Toilette, lithographie, par Maurin. Belle épreuve.

353. Constitution française, gravé par Copia. Très-belle épreuve sans marges.

354. Deux Amours tenant un oiseau, gravé par Prud'hon fils. Très-belle épreuve avant toutes lettres.

355. Petite Fille instruisant un chien. Très-belle épreuve avant toutes lettres.

356. Hymen et bonheur, gravé par Villeroy. Belle épreuve.

357. Le Cruel rit des pleurs qu'il fait verser, gravé par Copia. Très-belle épreuve avant la lettre.

358. La Vengeance de Cérès, gravé par Copia. Très-belle épreuve avant la lettre.

359. L'Amour bandant les yeux d'une petite fille, gravé par Roger. Très-belle épreuve avant toutes lettres.

360. L'Amour caresse avant de blesser, gravé par Roger. Très-belle épreuve.

361. Son Génie et Melpomène le mènent à l'immortalité, gravé par Marais. Très-belle épreuve.

362. Bonaparte à cheval, couronné par une Renommée, gravé par Copia. Très-belle épreuve. Rare.

363. A la mémoire de Prud'hon, figure tirée de son dernier tableau, par M. de Boisfremont. Deux épreuves dont une avant la lettre.

364. Tête de jeune homme, gravé par Prud'hon fils. — Berceau de S. M. le roi de Rome. —Vénus et l'Amour sur un piédestal. Quatre pièces. Belles épreuves.

365. L'Amour séduit l'Innocence, le Plaisir l'entraîne, le Repentir la suit, gravé par Roger. Belle épreuve.

QUEVERDO (D'après).

366. Scène de comédie, gravé par Dambrun. Très-belle épreuve.

REGNAULT (N.-F.).

367. Ah ! s'il s'éveillait. — Dors, dors. Deux pièces faisant pendant. Belles épreuves.

RÉVOLUTION (Pièces sur la).

368. Scènes historiques et sujets allégoriques. Trente-deux pièces, dont quelques-unes rares.

REYNOLDS (D'après Sir J.).

369. Miss Crewes, gravé par Dixon. Rare épreuve avant la lettre. Rogné au trait carré.

RIDINGER.

370. Sous ce numéro, il sera vendu un portefeuille contenant environ trois cents pièces. Sujets de chasses, animaux, etc.

SAINT-AUBIN (D'après G. DE).

371. Les Enfants bien avisés, gravé par G.-F. Tardieu. Très-belle épreuve.

SCHALL (D'après).

372. La Défaite. — La Conviction. Deux pièces gravées, par G. Marchand. Très-belles épreuves.

373. Le Bouquet impromptu. — Le Garde-chasse scrupuleux ou le Nid découvert. Deux pièces gravées, par Aug. Legrand. Très-belles épreuves.

374. La Mère des Amours, gravé par Aug. Legrand. Très-belle épreuve avant toutes lettres.

375. Les Plaisirs de l'Été, gravé en couleur, par Chapuy. Très-belle épreuve sans marges.

SCHENAU.

13,10 376. Achetez mes petites eaux-fortes. Onze pièces. Très-belles épreuves.

12,50 377. Une famille malheureuse. Pièce non terminée, à l'état d'eau-forte.

SCHENAU (D'après).

1,50 378. La Méditation, gravé par R. Gaillard. Très-belle épreuve avec marges.

SOLDINI (D'après L.-D.).

6,50 379. La Bergère avec sa flûte. — Le Berger avec son oiseau. Deux pièces gravées, par Cl. Duflos. Belles épreuves.

TOUZÉ (D'après).

7 380. L'Oracle des amants, gravé par Choffard. Superbe et très-rare épreuve avant la dédicace.

49 381. Les Amusements dangereux, gravé par Voyez le jeune. Très-belle épreuve avec marges.

TREMOLLIERRE (D'après P.-C.).

8 382. Diane et ses compagnes au bain, gravé par J. Maillet. Belle épreuve.

TROLL.

8 383. Vues intérieures du jardin des Tuileries. Quatre pièces. Très-belles épreuves.

VANLOO (D'après C.).

2,50 384. L'Elève dessinateur, gravé par Angélique Bregeon, Très-belle épreuve.

VANLOO (D'après).

385. Lecture espagnole, gravé par Beauvarlet, — La mort d'Adonis, d'après Briard, par Pasquier. Deux pièces.

VERNET (D'après CARLE).

386. La Brodeuse, — La Bouleuse, — La Frileuse, — La Vielleuse. Suite de quatre pièces gravées par Schenker. Très-belles épreuves. Tontes marges.

387. La Pêche à la ligne. — La Promenade du matin. Deux pièces gravées en couleur par Levachez. Très-belles épreuves.

VINKELES (Gravé à Paris en 1771).

388. Bal dans un monument public. Très-jolie pièce avec costumes de l'époque Louis XVI. Très-belle épreuve avant la lettre.

VIGNETTES.

389. Vignettes pour Virgile, d'après Moreau et Zacchi. Dix-huit pièces. Très-belles épreuves avant la lettre.

390. Gravures de la Dunciade, poëme en dix chants, gravées par Monnet en 1776. Très-belles épreuves.

391. Vignettes pour les œuvres de Racine, d'après Desenne. Treize pièces. Épreuves sur chine.

392. Dix-huit vignettes d'après Moreau, Le Barbier et Desenne pour différents ouvrages.

393. Douze gravures pour les fables de La Fontaine, d'après Bergeret. Très-belles épreuves.

394. Estampes pour illustration des fables de La Fontaine, gravées d'après Oudry. 40 pièces.

VLEUGHELS (D'après).

395. Frère Luce, gravé par de Larmessin. Belle éprenve.

396. Frère Luce, gravé par de Larmessin. Très-belle épreuve.

WATTEAU (D'après Ant.).

397. L'Abreuvoir. — Le Marais. Deux pièces gravées par L. Jacob. Très-belles épreuves. Toutes marges.

398. L'Abreuvoir. — La Ruine. Deux pièces gravées par L. Jacob et Baquoy. Très-belles épreuves.

399. L'Accord parfait, gravé par Baron. Très-belle épreuve.

400. L'Accordée de village, gravé par N. de Larmessin. Très-belle épreuve.

401. Les Agréments de l'Esté. — Heureux âge! âge d'or...... Deux pièces gravées par de Favanes et Tardieu. Très-belles épreuves.

402. Alte, gravé par J. Moyreau. Très-belle épreuve.

403. L'Amour paisible, gravé par Baron. Très-belle épreuve.

404. L'Amour désarmé, gravé par B. Audran. Très-belle épreuve avec marges.

405. L'Amour au Théâtre-Français, gravé par C.-N. Cochin. Très-belle épreuve.

406. L'Amour au Théâtre-Italien, gravé par C.-N. Cochin. — Le Concert champêtre, gravé par B. Audran. Deux pièces. Belles épreuves,

407. L'Amour mal accompagné, gravé par Dupin. Superbe épreuve. Toutes marges.

408. L'Amusement. — L'Heureuse Rencontre. Deux pièces gravées par Huquier. Belles épreuves.

WATTEAU (D'après Ant.).

409. Amusements champêtres, gravé par B. Audran. Très-belle épreuve.

410. La même estampe. Très-belle épreuve avec marges.

411. Assemblée galante, gravé par Lebas. Très-belle épreuve.

412. Arlequin, Pierrot et Scapin.... — Coquettes qui pour voir galans au rendez-vous.... Deux pièces gravées par L. Surugue et Thomassin. Très-belles épreuves.

413. *Au faible effort que fait Iris pour se defendre*, gravé qar C.-N. Cochin. Belle épreuve.

414. Camp volant gravé par N. Cochin. Très-belle épreuve avec marges.

415. La Cause badine. Arabesque gravée par Moyreau. Très-belle épreuve,

416. La Cause badine. — Le Chasseur content. Deux pièces. Arabesques, gravées par Moyreau et Huquier. Belles épreuves.

417. Les Enfants de Momus. — La Cause badine. Deux pièces gravées par Moyreau. Très-belles épreuves. *14*

418. La Chasseuse. — Le Bouffon. Deux pièces gravées par Huquier. Très-belles épreuves avec marges.

419. La Chute d'eau, gravé par J. Moyreau. Très-belle épreuve.

420. La Collation, gravé par Moyreau. — Habillements de ceux du Soutchovene à la Chine, gravé par Aubert. Deux pièces. Belles épreuves.

421. Comédiens français, gravé par J.-M. Liotard. Très-belle épreuve.

WATTEAU (D'après Ant.).

422. Les Comédiens italiens, gravé à l'eau-forte par Watteau et terminé au burin par Simonneau. Très-belle épreuve avec l'adresse de Sirois.

423. La Contredanse, gravé par Brion. Très-belle épreuve.

424. Le Colin-Maillard, gravé par Brion. Très-belle épreuve avec marges.

425. *Coquettes qui pour voir galans au rendez-vous. — Arlequin, Pierrot et Scapin en dançant ont l'âme ravie.* Deux pièces gravées par Thomassin et L. Surugue. Belles épreuves.

426. Défilé, gravé par Moyreau. Très-belle épreuve.

427. La même estampe. Très-belle épreuve.

428. Départ de garnison, gravé par Ravenet. Très-belle épreuve avec marges.

429. La Diseuse d'aventures, gravé par Cars. Belle épreuve.

430. L'Embarquement pour Cythère, gravé par Tardieu. Très-belle épreuve.

431. Les Enfants de Bacchus, gravé par Fessard. Belle épreuve.

432. Les Enfants de Bacchus, gravé par Fessard. Superbe épreuve. Toutes marges.

433. L'Enlèvement d'Europe, gravé par P. Aveline. Très-belle épreuve avec marges.

434. L'Enjôleur, arabesque gravée par P. Aveline. Belle épreuve.

435. Escorte d'équipages, gravé par Cars. Belle épreuve.

436. La Famille, gravé par B. Audran. Belle épreuve.

437. Fêtes au Dieu Pan, gravé par Aubert. — Les Agréments de l'Este, gravé par J. de Favanes. Bonnes épreuves.

WATTEAU (D'après ANT.).

438. La Fileuse, gravé par B. Audran. Très-belle épreuve.

439. La Gamme d'Amour, gravé par Le Bas. Très-belle épreuve.

440. L'Ile de Cythère, gravé par de Larmessin. Très-belle épreuve.

441. La Lorgneuse, gravé par G. Scotin. Très-belle épreuve.

442. Louis XIV mettant le Cordon bleu à Monsieur de Bourgogne, père de Louis XV, roy de France régnant, gravé par N. de Larmessin. Très-belle épreuve.

443. La Musette, gravé par Moyreau. Très-belle épreuve.

444. La Musette, gravé par Moyreau. Belle épreuve.

445. Le Naufrage, gravé par Caylus. Très-belle épreuve avec marges.

446. L'Occupation champêtre, gravé par de Rochefort. Très-belle épreuve avec marges.

447. Le Plaisir pastoral, gravé par N. Tardieu. Superbe épreuve avec marges.

448. Les Plaisirs du bal, gravé par Scotin. Très-belle épreuve.

449. Pierrot content, gravé par E. Jeaurat. Très-belle épreuve.

450. *Qu'ay-je fait assassins maudits....,* gravé par le comte de Caylus et Joullain. Très-belle épreuve.

451. *Qu'ay-je fait assassins maudits,* gravé par Caylus et Joullain. Belle épreuve.

452. Retour de campagne, gravé par N. Cochin. Très-belle épreuve.

WATTEAU (D'après ANT.).

453. La Rêveuse. — L'Amante inquiète. Deux pièces faisant pendant, gravées par P. Aveline. Très-belles épreuves.

454. Les Saisons, suite de quatre estampes gravées par J. Audran, de Larmessin, Brillon et Moireau. Très-belles épreuves.

455. L'Été, gravé par Moireau. Très-belle épreuve.

456. La Sainte Famille, gravé par Jeanne Renard du Bes. Superbe épreuve, toutes marges.

457. La Sérénade italienne, gravé par G. Scotin. Très-belle épreuve.

458. Le Teste à teste. — Le Pénitent. Deux pièces gravées par Audran et Filleul. Très-belles épreuves.

459. La Toilette, gravée par P. Mercier. Très-belle épreuve. Rare.

460. Le Triomphe de Cérès, gravé par Crépy. Très-belle épreuve avec marges.

461. La Villageoise. — La Peinture, etc. Trois pièces gravées par Thomassin et Desplaces.

462. *Voulez-vous triompher des belles...*, gravé par Thomassin. Belle épreuve.

463. *Sous un habit de Mezetin,* gravé par Thomassin. — Fragment de la danse Vénitienne, gravé par Watelet. Deux pièces.

464. Portrait de Antoine de la Roque, gravé par Lepicié. Très-belle épreuve.

465. Antoine de la Roque, gravé par Lepicié. Très-belle épreuve.

WATTEAU (D'après Ant.).

466. Watteau et M. de Julienne, au milieu d'un paysage, gravé par Tardieu. Très-belle épreuve.

467. Le Bon Mary, gravé par L. Aveline. Très-belle épreuve. Rare.

468. Arabesque, gravée par Caylus. Belle épreuve.

WATTEAU et LANCRET (D'après).

469. Études et sujets. Dix pièces gravées par Moyreau, de Larmessin, Boucher et autres.

WILLE (D'après P.-A.).

470. La Mère contente. — La Mère mécontente. Deux pièces gravées par Ingouf. Très-belles épreuves.

471. La Mère contente, gravé par Ingouf. Très-belle épreuve avant la lettre.

472. Petit Waux-Hall. Très-belle épreuve.

473. L'Essai du corset, gravé par A.-F. Dennel. Belle épreuve.

474. Le Temps perdu, gravé par Hallou. Très-belle épreuve.

LITHOGRAPHIES

ET GRAVURES EN LOTS

ANONYME.

475. Scènes de la vie anglaise. Vingt-quatre pièces colorées.

BELLANGÉ (H.).

476. Sujets militaires et autres, tirés d'albums, cinquante et une pièces.

477. Souvenirs militaires. Dix pièces.

CHARLET (N.-T.).

478. Son portrait. (Cat. Lacombe n° 1.) Très-belle épreuve.

479. Portraits de Napoléon. (n°¹ 11, 14, 17.) Trois pièces.

480. Poste avancé. (24. R). — Déroute de Cosaques (26. R). Deux pièces. Très-belles épreuves.

481. Colonne d'infanterie en marche (27). — La Consigne (29. R). Deux pièces. Très-belles épreuves.

482. Cuirassiers chargeant (31. R). — La Conversation (34. R. R). Deux pièces. Très-belles épreuves.

483. La Bienfaisance (32. R). — L'Hospitalité (33. R). La Bienvenue (35. R.). Trois pièces. Très-belles épreuves.

484. La Mort du Cuirassier (N. 44. R. R.). Très-belle épreuve.

485. Deux Prisonniers russes amenés devant un officier français (54). — Prisonniers autrichiens (55). Deux pièces Très-belles épreuves.

CHARLET (N.-T.).

486. On ne dit rien (61). — Ils s'en vont (62). — il faut en rire (63). Trois pièces. Très-belles épreuves.

487. Courage, Résignation (68. R. R.). — Le Menuet (77. R. R.). — La Cuisine au bivouac (79. R. R.). Trois pièces. Très-belles épreuves.

488. Délassement des consignés (80. R. R.). — Vieillard montrant le portrait de Cambronne à des enfants (81. R. R. R.). Deux pièces. Très-belles épreuves.

489. Au maréchal Brune (82. R. R.). — L'Instruction militaire (83. R. R.). — Le Soldat musicien (84. R. R.). — Le Marchand de dessins lithographiques (85. R. R.) Quatre pièces. Très-belles épreuves.

490. L'Aumône (87. R.). Épreuve avant la lettre. — A moi les anciens (89. R. R. R.) — Appel du contingent communal (90. R. R.). Trois pièces. Très-belles épreuves.

491. Toi....! Oui moi....! (95. R. R.) — Doucement la mère Michel (101. R.) — L'intrépide Lefèvre (102). — Siége de Saint-Jean-d'Acre (107. R.) Quatre pièces. Très-belles épreuves.

492. Carabinier instructeur (113. R. R.). — Sergent de carabiniers (114. R.). — Grenadier de la garde impériale (116. R.). — Chasseur à cheval de la garde impériale (119. R.) — Cuirassier (125. R.). Cinq pièces. Très-belles épreuves.

493. Dragon d'élite, armée d'Espagne (154. R.), — Grenadier à pied de la vieille garde (156. R.) Deux pièces.

494. Suite de trente pièces représentant des costumes de la garde impériale. Imprimées chez Delpech de juillet 1819 à mars 1820 (157-186). Très-belles épreuves.

CHARLET (N.-T.).

Onze pièces, doubles de la suite précédente. Très-belles épreuves.

495. Douze pièces représentant des costumes d'infanterie (armée de 1809), imprimées chez Motte (n. 187-201). Très-belles épreuves

496. Six pièces doubles de la suite précédente.

497. Sujets divers tirés d'albums, titres de romances et pièces inédites. 54 pièces.

498. Pièces tirées d'albums, publiées de 1823 à 1839. 95 pièces.

499. Sujets tirés d'albums. Trois cent deux pièces.

DUPONT (M. HENRIQUEL).

500. Cromwell au tombeau de Charles Ier. Épreuve à l'état d'eau-forte. — Portrait du marquis de Pastoret. Épreuve avant la lettre, sur Chine. Deux pièces.

GAVARNI.

501. Portrait de Ch. Chandellier (17). Très-belle épreuve. Rare.

502. S. A. I. Madame la princesse Mathilde (48). Très-belle épreuve avant la lettre.

503. Promenade du matin (164). — Le Petit Cantonnier (194). — L'Album (2084). — Prières sur une tombe (2140), etc. Cinq pièces. Rares épreuves avant la lettre.

504. Gentilshommes bourgeois (1088). — Les Patrons (1140). — Le Carnaval (1033). — Baliverneries (1022). — Impressions de Ménage (1123 et 1120). — Le Parfait Créancier (1131). Dix pièces. Très-belles épreuves avant la lettre.

505. A Higland Piper (1567) Très-belle épreuve.

506. Le Lansquenet (1913). — Le Foyer (1914). Deux pièces. Très-belles épreuves sur chine.

507. Rustic Groups of figures by Gavarni. Suite de six pièces dans une couverture (1995-2000). Très-belles épreuves. Rares.

508. Les Toquades. Suite de vingt pièces (2029). Très-belles épreuves avant la lettre, sur chine.

509. Irlandaise (2535). — Alsacienne (2536). Parisienne de la fin du XVIIIe siècle (2646). Quatre pièces dont une double. Rares épreuves avant la lettre.

510. Costumes et Modes (l'Abeille impériale). Cinq pièces. Très-belles épreuves avant la lettre, sur Chine.

511. Sujets tirés de différentes suites. Trente-cinq pièces.

512. Titres de romances. Huit pièces. Belles épreuves.

513. Le Carnaval. — Les Étudiants de Paris. — Les Actrices. Masques et Visages, etc. Trente-six pièces.

GRANDVILLE (J.).

514. Vingt et une pièces gravées à l'eau-forte.

515. Les Métamorphoses du jour. Suite de soixante-treize pièces reliées en 1 vol. in-fol.

ISABEY (E.).

516. Marines. Neuf pièces.

LAMI (E.).

517. Croquis faits d'après nature dans Paris, pendant les journées de 1830 et autres sujets. Huit pièces.

LEPOITEVIN.

518. Diableries. Quatorze pièces.

LEVASSEUR (J.).

519. Portrait de Paul Delaroche, d'après Buttura. Deux épreuves dont une avant la lettre.

RAFFET.

520. La Grande Revue. Très-belle épreuve.

521. Combat d'Oued-Alleg (31 décembre 1839). Très-belle épreuve.

522. Combat d'Oued-Alleg. — La grande revue. Deux pièces. Belles épreuves.

523. Retraite de Constantine et Siége d'Anvers. Douze pièces.

524. Prise et retraite de Constantine. — Siége d'Anvers, etc. Vingt-quatre pièces.

525. Scènes militaires. Soixante et onze pièces tirées d'albums.

ROQUEPLAN (C.).

526. Marines, paysages et sujets divers. Seize pièces.

———

527. Sous ce numéro il sera vendu plusieurs portefeuilles renfermant un grand nombre d'estampes de toutes les écoles.

———

528. Le Moyen âge et la Renaissance, histoire et usages du commerce et de l'industrie, des sciences, des arts, des littératures et des beaux-arts en Europe, par Paul LACROIX. *Paris*, 1848-1851. 5 vol. in-4, cartonnés.